Karl Güntherode

Beiträge zur Korrespondenz der Heiligen

und Briefe der Narren samt fünfundvierzig Preisfragen

Karl Güntherode

Beiträge zur Korrespondenz der Heiligen
und Briefe der Narren samt fünfundvierzig Preisfragen

ISBN/EAN: 9783744690584

Hergestellt in Europa, USA, Kanada, Australien, Japan

Cover: Foto ©ninafisch / pixelio.de

Weitere Bücher finden Sie auf **www.hansebooks.com**

Inhalt.

Die Mutter des heiligen U[...] geschweiften Kometstern.

St. Bona und der Eremit Ubald[...]

St. Birgitta und der Schwanz de[...]

St. Claritus in einem Nonnenklo[...]

St. Cordula mit einem hunnischen [...]

St. Dositheus, Einsiedler bei einem [...]

St. Eugenia Abbt in einem Manns[...]

St. Fides und der Diakon Caprasi[...]

St. Jakob de Marchia mit dem [...] dem Bauch.

St. Knivin in einer Staude.

St. Serapion ein Weltverachter[...]

St. Theodolinda und der Sohn des Landpfle[...] s Musius.

13) St. Theonilla mit glühenden Kohlen auf dem Bauch.
14) St. Gangulphus und sein furzendes Weib.
15) Die steinerne Muttergottes zu Weißenstein, an die hölzerne Muttergottes zu Waldrast.
16) St. Peter an den Clunischen Abt Emanuel Theodosius.
17) Die hölzerne Muttergottes zu Waldrast an die steinerne Muttergottes zu Weißenstein.
18) Brief des Herrn Abbe Al... an den Bischof zu B..
19) Gebet zur heiligen Dreifaltigkeit um Aufhebung des Cölibats.
20) Brief der armen Seelen im Fegfeuer vom Jahr 1718.
21) Herr und Frau von Holz in zween Aufzügen.
22) Fünf und vierzig Preisfragen.

Bittschrift der vierzehn Nothhelfer an den päpstlichen Stuhl.

Hochheiliger Stuhl!

Wir schämen uns nicht, ob wir schon himmlische Landstände sind, vor Euer Stuhlheit auf die Knie niederzufallen, und unsere dringende Anliegenheit zu höchstDero Füssen hinzulegen. Schon über tausend Jahre ist unsere Verehrung in der katholischen Kirche verbreitet: es sind noch alte Missalien und Breviere vorhanden, in welchen wir als grosse Nothhelfer angepriesen werden a): man rufet uns in allen Nöthen an, ja man

---

a) ORATIO.

Omnipotens, et mitissime Deus, qui electos sanctos tuos, Georgium, Blasium, Erasmum, Christo-

man nennt uns per antonomasiam die vierzehn Nothhelfer: und itt wollen sich neugebackene Heilige hervorthun, uns von der verjährten Verehrung verdrängen, und unsern cultum immemorialem an sich bringen. Wirklich ist eine Piece unter der Presse mit dem Titel: Vierzehn neue Nothhelfer mit Betrachtungen, die vermuthlich ein schmuziger Wiener Autor, um etliche Gulden vom Verleger zu überkommen, drucken läßt: Kömmt nun diese Piece im Vorschein, so sind wir alte Nothhelfer alle weg. Hier sind die vierzehn neue Nothhelfer sammt der Kopiä des Manuskripts.

1. St. Aidam.
2. St. Bona.
3. St. Birgitta.
4. St. Claritus.
5. St. Cordula.
6. St. Dositheus.
7. St. Eugenia.
8. St. Fides.
9. St. Jakob de Marchia.
10. St. Knivin.

11. St.

Christophorum, Dionisium, Pantaleonem, Vitum, Cyriacum Acacium, Eustachium, Aegidium, Magaritam, Catharinam, et Barbaram specialibus decorasti privilegis: Da, ut omnes, qui in suis necessitatibus eorum implorant auxilium, petitionis suae salutem consequantur effectum. *Missal. ultraje* *ann.* 1514. *Bolland. III. P. mens.*

11. St. Serapion.
12. St. Theodolinda.
13. St. Theonilla.
14. St. Gangulphus.

I.

St. Aidam war schon heilig vor seiner Geburt; denn sein Vater sah zu Nachts im Bette einen geschweiften Kometstern auf die Mutter, und diese den Mond in des Vaters Mund fallen, und in eben dieser Nacht ward der Heilige empfangen. b)

Betr. Ueber die philosophische Frage: an cometae barbati moveantur motu regulari in lineis curvis parabolicis, admodum excentricis, et absoluta periodo iterum redeant? c)

II.

St. Bona, eine Jungfrau aus dem Orden der regulirten Kanoniker des heiligen Augustins zu Pisa, kaufte sich auf Befehl Christi ein härnes Kleid, und empfieng von ihm, indem er sie anblies, den heiligen Geist. Im zehnten Jahre ihres Alters wurde sie in die Gesellschaft der regulirten Kanoniker aufgenommen, und im dreizehn-

b) Lex. der Heiligen, S. 50.
c) Vid. cl. P. Biwald Lect. 1. de System. univ. art. VII. de cometis cartes. P. Bertier.

dreizehnten Jahre vermählte sich Christus mit ihr, und führte sie selbst auf eine Reise. Darauf schiffte sie in das gelobte Land, besuchte den Eremiten Ubaldus, und brachte die heilige Fastenzeit in seiner Höhle zu. Hier erschien ihr Christus abermal, und zeigte ihr kleine Kinderchen mit Vermelden, daß sie (vermuthlich durch die Fürbitte des heiligen Eremiten Ubaldus) eine Mutter derselben werden würde. d)

Betr. Ueber den Text Deuteronom. 28. v. 44. Ipse erit in caput, et tu eris in cauda.

III.

St. Brigitta, Wittwe, die von der Gebährerin Gottes in Geburtsnöthen bedient wurde. e)

Der Teufel erschien ihr einsmals mit hundert Hände, und so vielen Füssen; allein sie empfahl sich Christo, und sogleich fielen ihm Hände und Füsse weg, und mithin blieb ihm nichts anders übrig als der Schwanz. f)

Betr. Von der abscheulichen Gestalt des Teufels, wenn er zu Frauenzimmer kommt: habens iram magnam.

IV.

d) Lex. der Heiligen, S. 280.
e) Bulla Canonizazion. S. Brigittae.
f) Lex. S. 301.

IV.

St. Claritus stiftete im Jahr, 1342 ein Nonnenkloster unter der Regel des heiligen Augustin, und wartete allda den Nonnen mit solcher Demuth auf, daß er sogar ihre Uringläser reinigte. g)

Betr. Ueber den Text: Septem mulieres apprehenderunt virum unum.

Sieben Weiber haben einen Mann umrungen.

Ein Mann für sieben Weiber! —
Ein Leib für sieben Leiber! —
Elias von Carmel ⎱ sag an
Franz von Assisio. ⎰
Hast du wohl einen solchen Mann?

V.

St. Cordula, aus der Gesellschaft der heiligen Ursula, verbarg sich aus Furcht der hunnischen Pfeile, hinter einer Staude; ward aber von einem unerbittlichen Hunne überrascht. h)

Sie schrie: St. Ursula! das Gott erbarm!
Der Hunn hört nichts, es ist ihm allzuwarm.

Das

g) Lex. S. 378.
h) Martirolog. Rom. ad diem 22. Octob.

Das fromme Ding erstaunt, und sinkt aus Schrocken nieder:
So recht, spricht der Barbar, und stoßt den Pfeil durchs Mieder.

VI.

St. Dositheus, ein Einsiedler, nahm einsmal ein schönes Mädchen in seine Zelle, um Gelegenheit zu haben, sich Gott zu lieb, rechtschaffen zu mortifiziren.

Allein troz seiner Dißziplin,
War seine ganze Keuschheit hin. i)
Sie geht von ihm hinweg cum successionis spe,
Und er in seiner Zell schreit immer ohime!
Die Reue quält sein Herz
So, daß er sich beschnitt:
Wie groß war doch der Schmerz,
Den er dabei erlitt!
Der Schmerz wird Wuth,
Es zittern schon die Nieren,
Er, o Unmuth!
Will sich kombabisiren.
Zum Glük kömmt St. Spirit
Mit Jungferchor umgeben,
Und schreit: Was treibst Dosith!
Du nimmst dir ja das Leben!

i) Lex. S. 547.

Du nimmst das größte Gut
Der Männer dir hinweg,
Und sitzest ohne Gluth
Bei Mädchen nur im Dr—k!

Du Schandflek der Natur,
Willst wegen einer Hur,
Kein Mann, kein Vater seyn,
Und leben ganz allein!
Weg mit dem Messer!
O! brauch es besser,

St. Spirid zu Gefallen
Läßt Dosith s' Messer fallen,
St. Paula, und Eustochium
Verbinden das Präpuzium.

VII.

St. Eugenia entfloh in Mannskleidern von ihren Aeltern, wurde ein Mönch, und führte sich im Kloster so gut auf, daß sie nach dem Tode des Abtes einhellig zum Abbten erwählet wurde. k)

Betr. Von dem Pektoralkreuz dieses heiligen Abbtes.

VIII.

St. Fides, Jungfrau, die vom Diakon Capra= sius (er war hübsch) zum christlichen Glauben, zu wel=
chem

k) Lex. S. 617.

chem sie von Jugend an eine Neigung spüren ließ, bekehrt ward. l)

St. Caprasius ein Diakonus
 Bekehrt die Jungfrau Fides:
So schreibt es Herr Baronius
 Cui certe multa fides.

IX.

St. Jakob de Marchia, ein seraphischer Entscheider (Definitor), der in den Tagen seines voluminosen Fleisches den heiligen Ordensstrik vier Finger ober dem Bauch trug. m)

Wehe dem Abrahams Schoose
Wenn diese Franzens Sprosse
Mit glorifizirten Spek
Und respektablen Podek
Dahin zu sitzen kömmt!

X.

St. Knivin Abbt zu Glendalag in Irrland, als er von einer unzüchtigen Weibsperson zu einer Todsünde, die einem andern das Leben giebt, gereizet wurde, wälzte sich nakt in eine Staude, wodurch die Weibsperson, die dieses Spektakel anstarrte, noch mehr erhitzet

l) Lex. S. 345.
m) Annal. Francis.

hitzet wurde, so, daß sie ihn, noch bevor er sich anklei=
den könnte, wirklich anpakte. Aber der heilige Abbt,
von dem Geiste Gottes ganz beseelt, schlug ihr in instanti Hände und Füsse ab, und gab ihr noch dazu
permodum connotati einen kalten Fuß. n)

Betr. Von der Heiklichkeit der Herren Prälaten
inpuncto puncti.

XI.

St. Serapion, Einsiedler, lud ein Mädchen zu
Rom ein, daß sie aus Verachtung der Welt mit ihm
nakt durch alle Strassen der Stadt Rom herumziehe. o)

Betr. Von der Antwort, die ihm die Jungfrau gab,
sie habe es in der Verachtung der Welt noch
nicht so weit gebracht; werde aber beten, daß
sie es so weit bringe.

XII.

St. Theodokinda, eine alexandrinische Jungfrau,
ward, weil sie sich vom Sohn des Landpflegers Publius
nicht wollte küssen und Vgschrtgschkgn lassen, mit Ge=
walt entblößt, und mußte vor dem Landpfleger, seinem
Sohn, und etlichen Henkersknechten, wie die Göttinnen
Juno,

n) Lex. S. 390.
o) Heraclides in paradiso.

Juno, Pallas und Venus vor dem Prinzen Paris daſtehen. Natürlicherweiſe wird die keuſche Jungfrau mit beiden Händen bedekt haben, ſo viel ſich immer mit zehen Fingern bedecken läßt. Allein ſie ward zwiſchen zween Pfähle ausgeſtrekt, und mit dicken Bleikolben (plumbatis) ſo lang geſchlagen, bis ſie den Geiſt vollends ausathmete.

Nach dem Tode erſchien ſie einer frommen Matron, Plautilla mit Namen, und geſtand ihr, daß ſie bei der Entblöſſung ihres Leibes einen gröſſern Schmerzen empfunden habe, als von den dicken Bleikolben, weil die Henkersknechte ſie vom Fuß bis zum Kopfe genau beſichtigten, als wenn ſie zum Abzeichnen da ſtund. p)

Betr. Ueber die Betrachtung der Henkersknechte.

XIII.

St. Theonilla, Jungfrau und Märtirin, ward mit glüenden Kohlen auf den Bauch gebrennt, welches beinahe eine gröſſere Marter war, als die Johanna von Arch ausſtehen mußte, da zween Buhler auf ihrem jungfräulichen Bauch mit Paſchwürfeln um den Vorzug ſpielten. q)

Gebet. Daß Gott alle Jungfrauen von dieſer Marter barmherziglich bewahren möge.

XIV.

p) Lex. S. 605.
q) La Pucelle d'Orleans ch XX. Chant.

XIV.

St. Gangulphus, ein Patron für die verschlagenen Winde, — dessen Ehefrau, weil sie seine Wunder verlachte, an allen Freitagen bei jedem Worte furzen mußte. r)

Betr. Ueber die Worte des Virgils:

Ventorumque facis tempestatumque potentem.

Ihr Meers und Himmelsgötter!
Ein Weib für eure Wetter.

Eure

---

r) Als sie einsmals von einem Mädchen hörte, daß Gott durch den heiligen Gangulph grosse Wunder that, ward sie voll Zorn und sprach: Gangulph kann so viel Wunder thun, als mein Hinterer, und ließ unter diesen Worten einen harten stinkenden Knall. Dies geschah an einem Freitag, und mußte zur Strafe so lang sie lebte, an allen Freitagen dies so vielmal thun, wie viele Wörter als sie redete. Also strafte sie Gott, und ward hierdurch zur Schmach und Spott der ganzen Welt. Diese Geschichte ward alsbald kundbar in ganz Frankreich, und als König Pipin in dieselbe Gegend kam, schikte er etliche von den Seinigen dahin, um zu hören, ob dem also sei. Sie kamen über ein Kleines zum König, und betheuerten vor der ganzen Hofhaltung, was sie gehört hatten. Und also ward die Glorie des heiligen Gangulphus scheinbarer. Surius ad diem XI. Mai P. Martin Cochem in seinem Leben der Heiligen auf den 12 Mai, S. 452.

Eure Stuhlheit werden selbst beliebigst einsehen, daß diese verdienstlose Heilige in keinem Betracht uns vorgezogen zu werden verdienen; maßen

Ich St. Blasius, einen Knaben, der ein Fischbein schlükte, vom Tode errettet.

Ich St. Dionisius, hab mein abgeschlagenes Haupt zwei Meilen weit herumgetragen; welches zwar auch andere gethan s), aber keiner so weit wie ich.

Ich St. Cyriakus hab den Teufel aus zwo Prinzeßinnen vertrieben.

Ich St. Veit, bin in siedendem Oel gesotten worden.

Ich St. Eustachius hatte die Ehre Christum zwischen den Geweihen eines Hirschen zu sehen.

Ich

---

s) St. Luzian, der erste Bischof zu Beauvais, die h. h. Fuszianus, Viktorikus und Piatus: der heilige Nikasius Bischof zu Rheims, St. Domininus ein Kriegsmann, der Knab St. Justus oder Justinus, St. Zeraunus, St. Albanus, St. Lambertus ein Martirer in Spanien, St. Eliphius, die Jungfrau Ositha, St. Laurianus Bischof zu Sevilla, St. Oelbertus in Brabant, St. Regulus, der selige Adalbaldus, der Vater des heiligen Maurontus, St. Savianus, und dann die sechs Martirer aus dem Predigerorden die zu Tolosa verehret werden. *Miraeus in fastis Beligicis pag.* 274 *et seq.*

Ich St. Aegidius oder St. Gilg, baute ein Kloster, und trank doch keinen Wein, sondern begnügte mich mit Hirschmilch.

Ich St. Achaz bin mit 10000 Soldaten gekreuziget worden.

Ich St. Christoph trug ein Hemd, das nicht weiter reichte, als bis zum Arsch. t)

Ich St. Georg, hab einen Drachen mit meiner Lanze getödtet.

Ich St. Margreth, hab den Teufel, der mir in Gestalt eines Drachens erschien, mit dem Zeichen des heiligen Kreuzes vertrieben.

Ich St. Pantaleon bin mit einem Nagel durchbohret worden.

Ich St. Erasmus ließ mir das Gedärm aus dem Leibe reissen.

Ich St. Barbara, wollte lieber mein Haupt, als meine Jungfrauschaft verlieren.

Ich St. Katharina, hab funfzig Weltweisen zur Zeit meiner öffentlichen Prüfung in Sak geschoben.

---

t) St. Christophorus gestavit in dusium, quod pertingebat usque ad nates: Gloria Patri, et Filio, et Spiritui sancto: usque ad nates.

Es ergehet demnach unsere gemeinschäftlich unterthänigste Bitte, den Verfasser der erwähnten Schrift, und den Verleger samt der ganzen Buchdruckerei, ja die Antinothhelfer selbst in instanti zu exkommunizieren, und zwar mit einer so tüchtigen Exkommunikazion, daß jeder Leser davon den Kopf tauche, als wenn es über ihm eingeschlagen hätte.

Unmasgeblich dürfte die Exkommunikationsformel des Papstes Benedik VIII, die Euer Stuhlheit nicht unbekannt sein kann, die allerschiklichste sein. Der Verfasser, Verleger, und die Antinothhelfer, (man darf auch schon die Verstorbenen nach dem Beispiele des Origenes exkommuniziren) sollen als faule Glieder vom Leibe Christi abgeschnitten, von allen Kirchen verstoßen, und von der Gemeinschaft der Gläubigen abgesondert sein. Sie sollen exkommunizirt und verflucht sein im Gehen und Stehen, im Wachen und Schlafen, beim Essen und Trinken; ja sogar ihre Speise und ihr Getränk, die Früchte ihrer Leiber und ihrer Erde sollen kreuzweis verflucht und vermaledeiet sein. Sie sollen die Plagen des Herodes empfinden, bis ihnen die Gedärme zerbersten. Sie sollen mit dem Dathan und Abiron von der Erde verschlungen werden, damit sie beim Teufel und seinen schwarzen Engeln wohnen, und immer und ewig gepeiniget werden: Ihre Kinder sollen Waisen, und ihre Weiber Wittwen werden; ihre Kinder sollen in fremde Länder übersezt werden, damit sie betteln müssen; die Väter aber sollen von ihren Häusern und Gütern vertrieben werden,

werden, und alle Flüche des alten und neuen Testaments sollen über sie kommen.

Unterzeichnete werden diese apostolische Gnade nicht nur mit dankbarem Gefühl durch die ganze Ewigkeit verehren, sondern auch mit Wohlthaten vergelten. -

Ich St. Blasius werde Euer Stuhlheit vom Hals- und Backenwehe fortwürig bewahren.

Ich St. Dionisius werde Hochselbe mit meinen Händen, wie vormals mein Haupt, nach Avignon übertragen.

Ich St. Cyriakus am Peter- und Paultage beim Hochamt assistiren, wie ich in den Tagen meines Fleisches dem Papst Marzellus zu thun pflegte.

Ich St. Veit werde Euer Stuhlheit mit einem schwarzen Hahne; u)

Ich

___

u) Die böhmischen Heiden pflegten einem Abgott mit Namen Vichcom Hahnen zu opfern. Der heilige Herzog Wenzeslaus zeigte ihnen den Arm und das Bildniß des heiligen Vitus, mit Vermelden, daß dies der wahre rechte Vichcom wäre, den sie mit Opferung der Hahnen verehren sollten. Auf solche Art hat er die Heiden vom Götzendienst zur Erkenntniß des wahren Gottes gebracht: woraus der löbliche Gebrauch entstanden, dem heiligen Veit schwarze Hahnen zu opfern, und ihn mit einem Hahne in der Hand zu malen.

P. Perkmar auf den 15ten Brachmonat.

Ich St. Eustachius mit einer guten Hirschdecke,

Ich St. Aegidius mit einer himmlischen Hirschmilch wider die Abzehrung bedienen.

Ich St. Achaz werde Ihnen zur Zeit des Krieges mit 10000 Soldaten zu Hilfe kommen.

Ich St. Christoph ihre Feinde mit meinem gewichtigen Spazierstok pritschen.

Ich St. Georgius den Gibellinen mit meiner Lanze die Augen ausstechen.

Ich St. Margreth die Lutheraner und Reformirte meinem Drachen vorwerfen.

Ich St. Pantaleon die Freimaurer mit meinem Nagel klystiren.

Ich St. Erasmus den Freidenkern das Gedärm herausreissen, und vor die Füsse werfen.

Ich St. Barbara die Wiener Autoren in meinen Thurm einsperren.

Ich St. Katharina alle Zehenkreuzer-Piecen widerlegen.

Die wir alle insgesamt, und jeder Insonderheit
mit

mit tiefester Ehrfurcht und ausnehmender Hochachtung geharren

Euer hochpäpstlich Stuhlheit

(L. S.)

ganzgehorsamste Diener und Verehrer vierzehn alte Nothhelfer.

St. Blasius.
St. Dionysius.
St. Cyriakus.
St. Veit.
St. Eustachius.
St. Aegidius.
St. Achaz.
St. Christoph.
St. Georgius.
St. Margreth.
St. Pantaleon.
St. Erasmus.
St. Barbara.
St. Katharina. Mp.

Die steinerne Muttergottes zu Weißenstein
an die hölzerne Muttergottes zu Waldraff
in Tyrol.

Liebste Frau Kollegin!

Mein Schiksal wird Euer Exzellenz aus öffentlichen
Blättern bekannt sein. Noch vor einem Jahre wohnte
ich auf dem Berg Weißenstein, und izt bin ich in einem schlechten Dorf, Leisers genannt, wie ein Solda-
tenweib einquartirt. Welch eine Erniedrigung für ein
dreimalwunderthätiges Gnadenbild, welches über zwei-
hundert Jahre das Publikum mit Mirakeln und Gutthaten posttäglich bedient hat! — Pfui der Schande
unserer Zeiten, in welchen eine prima Donna beinahe
mehr, als ein uraltes Gnadenbild verehret wird. — Zuvor war ich auf dem Hochaltar in einer silbernen Mon-
stranz mit Perlen und Juwelen wie die erste Sultanin
geschmücket: und izt bin ich auf einem Seitenaltar, der
nicht einmal vom päpstlichen Stuhle privilegirt ist, und
ehestens, wie man sagt, abgebrochen werden soll. Nun
muß ich mein weiteres Schiksal abwarten. Zuvor
brannten bei meinem Gnadenaltar sieben silberne Lam-
pen, zur Ehre meiner sieben Hauptschmerzen; denn ich
bin ein Vesperbild; und izt nicht einmal ein Pfen-
niglicht, das ich zur Zeit meines Wohlergehens nicht
einmal angenommen hätte. —

Zuvor

Zuvor lagen vor meinem Gnadenthron zwei biß drei tausend Kirchfährter zur Erde ausgestrekt x): izt sehe ich kaum zween oder drei schmuzige Bauernkerls, die vom Rauchtabak wie die Waldesel stinken: dies lasse ich mir einen cultum hyperduliae sein! Zuvor waren meine Opferstöcke mit verschiedenen Geldsorten vollgestopft; izt kömmt alles zum Armeninstitut, und ich verkenne beinahe die Geldsorten. O tempora! o mores! Ich erinnere mich jenes frohen Tages, an welchem mir der Hoch- und Wohlgeborne Herr von Ingramm zu Liebenstein 10000 fl. sogar mit Nachtheil seiner Familie, auf einmal geschenket hat, damit ich ein Servitenkloster neben meiner Kirche bauen könnte: und izt könnte ich einem Serviten nicht einmal eine Pfeife Tabak anstopfen. Es ist zum Todärgern, wie man heut zu Tage mit Mirakelbildern umgeht! Wenn das Ding so fortgeht, gehen alle Gnadenbilder kaput. — Liebste Frau Kollegin! stellen Sie sich eine reiche Dame von Stande vor, die aus ihrem glänzenden Pallast in eine schlechte Hütte vertrieben, ihres Familienschmuckes beraubt, von allen Freunden und Dienern verlassen, in der äussersten Dürftigkeit schmachten muß. — Sehen Sie! diese elende Dame bin ich, ich die sogenannte Zuflucht der Sünder, die wunderthätige Muttergottes zu Weißenstein, im zweihundertsten Jahre meines Alters. — Euer Exzellenz können sich die Beklemmung meines Herzens leichter vorstellen, als ich mit Worten aus-

---

x) Was doch die Leute für Grimassen machten! zum Buklichtlachen — nießt sich.

ausdrücken. Was werden nun die Leute, die mich vor einem Jahre in Pracht und Herrlichkeit sahen, von mir reden? Zuvor war ich in einem grössern Ansehen, als die Göttin Diana zu Epheso: und itzt (ich kann mich der Thränen, ob ich schon von Stein bin, kaum enthalten) schaut mich kein Mensch mehr an. Welch ein Unterschied zwischen Weißenstein und Leifers! da bin ich recht über den Gänsdreck geführt worden! — Ich hätte zwar in Leifers, weil es ein fiebrichter Ort ist, die schönste Gelegenheit, ein Mirakel um das andere zu wirken; aber eher lasse ich mich zu Staube zermalen, als daß ich ein einziges noch wirke. Ich hab so vielen Blinden das Augenlicht, so vielen Tauben das Gehör, so vielen Stummen die Sprache, so vielen Kranken die Genesung, ja sogar den Todten das Leben gegeben: und aus so vielen Tausenden läßt sich kein Einziger bei mir sehen, zu geschweigen, daß einer meine Parthie annähm, oder eine gründliche Vorstellung bei Hof machte. Aber wehe, und abermal wehe diesen undankbaren Kanalien, die Erde soll sie wie Dathan und Abiron verschlingen, und wenn dies nicht geschieht, werde ich durch das Trientsche Konsistorium die Veranstaltung treffen, daß sie mit Eselfürzchen begraben werden. — Was mich aber noch mehr schmerzet, ist das Schiksal meiner lieben Diener, der Serviten, die von meiner Seiten weggerissen, und mit einer schlechten Pension in andere Klöster eingetheilt worden sind.

Wie bedaure ich die armen Teufel mit 150 fl. Pension! — Vor einigen Tagen war einer bei mir kaum kennbar, so mager, so eingeschnürft war der Unglükselige.

glükselige! Als er noch bei mir in der Kost war, hatte er, ich lüge nicht, vier Finger hoch Spek auf dem Nakken; denn ich gab gute Tafel, und der Wein war ad libitum: er wackelte auf den Gassen einher wie ein englischer Perpendikel, so, daß die Leute stehen blieben und ihm lächelnd nachschielten: und izt ist er einem Viakerspferd ähnlicher, als einem vorschriftmäßigen Diener Mariens. Man sieht ihm's in Augen an, daß er ein ganzes Jahr keine Halbguldenmesse gelesen hat. Er war mein Küster, besuchte mich täglich über funfzehnmal, trug die Votivtafel von einem Opfertisch zum andern, nahm das Messengeld ein, wovon er mir auch einen Rest zu meinem Gallapuz zukommen ließ. Wie fleißig schrieb er meine Mirakel auf, und erzählte sie den frommen Wahlfährtern, ja ließ die merkwürdigsten sogar drucken, um nur meine Ehre und Kirchfährt nach allen Kräften zu befördern! izt hat der Verdienstvolle, der zumalen einen Kapaun verschmähte, kaum Kommißbrod genug. Wenn dieses recht ist, so giebt es auf Erden keine Ungerechtigkeit. — Ich bitte Sie herzallerliebste Frau Kollegin! schreiben Sie mir etwas Tröstliches; denn reden kann ich nicht mehr, so tief ist der Schmerz. Ich geharre

Euer Erzellenz

quondam taumaturga von Weißenstein, nunc Nothburga zu Leifers Mpria.

St. Pe=

St. Peter an den clunyschen Abbt Emanuel Theodosius Bouillon.

Amplissime!

Was fiel ihm ein, daß er den Papst Innozens XII. (zuvor Pignatelli) den größten Herrn, einen grossen König, und wahrhaften Mehrer des Reichs nannte y)! Ist dies ein Titel für einen welschen Geistlichen, für einen Pignatelli und Nachfolger eines elenden Fischers, der ich war? Unser Jesus nahm nicht einmal den Titel eines Meisters an: Ich unterschrieb mich mit diesen Worten: Petrus der ältere, und Zeug Jesu Christi. Paulus nannte sich einen Knecht Christi; und er nennet den Monseigneur Pignatelli, einen König, Kaiser, und Mehrer des Reichs! — Diesen letztern Titel will ich ihm Perillustris! schon gar auf das schärfeste untersagt haben; denn wenn er nur seine Nasenspitze in die Geschichtsbücher hineinsteckt, so wird er finden, daß die Päpste ihre meisten Fürstenthümer unrechtmäßiger Weise an sich gebracht haben. Wenn er demnach wünschet, daß der Papst ein Mehrer des Reichs sei,

---

y) Summi Domini Nostri Innocentii P. P. XII. et Regis vere Augusti, vere magni. Bular. Rom. Tom. XII. edit. Luxemburg. pag. 243. col. II. lin. 66.

sei, so wünschet er eben darum, daß er noch mehrere Ungerechtigkeiten ausübe, welches schon gar nicht der Wunsch eines Heiligen sein solle. Ich will ihm diesen Satz noch deutlicher vortragen. Die Päpste haben von mir nichts anders als Schlüssel und Ketten ererbet; sie nährten sich immer von dem Almosen des Volkes und ihrer Handarbeit, bis sie von Pipin König in Frankreich in Grafen- und Fürstenstand erhoben wurden, welches nicht ohne ausgesonnener List des Pabstes Stephan II. geschah, der dem König Pipin in meinem Namen einen Brief schrieb, von welchem ich und der ganze Himmel kein Wort wußten. Den Brief kann er Gratiosus Dominus beim Baronius lesen, denn ich bin nicht bemeißt selben aufzusuchen, und überhaupt ist mir dieser Autor zu jung. Pipin glaubte gleichwohl, daß dieser Brief vom Himmel gekommen wäre, und schenkte dem Stephan zwei und zwanzig Städte, die er dem orientalischen Kaiser Leo wegnahm, fast wie der heilige Crispin und Crispinianus den reichen Leuten das Leder stahlen, und den armen Leuten damit Schuhe machten. Da nun List und Betrug kein Recht verschaffen, so war diese ganze Schenkung ungiltig, bis Kaiser Karl, Pipins Sohn, mit dem orientalischen Kaiser Nizephorus eine Transaktion machte, daß dieser das Exarchat dem Papst überlassen sollte, wofür ihm Karl einen Theil Dalmatiens abtrat. Durch diese Transaktion erhielt der Papst das Recht auf das Exarchat und Pentapel, wobei aber die heilige Stadt Rom nicht einbegriffen war, welche noch immer von Kaiser Karl und seinen Söhnen beherrscht wurde. Wie wenig die Päpste noch zur Zeit Gregors VII. Herren in Rom wären, erhellet

aus

aus dem, daß die Römer, die Engelsburg in welche sich Gregor verkroch, mit dem Kaiser Heinrich IV. belagern halfen. Die alten Kaiser, die vis a viis von seinem Baldachin sitzen, machten immer Ansprüche an Rom: ja Friedrich I, der mit seinem rothen Bart den ganzen Himmel ergötzet, sagte den römischen Gesandten in das Angesicht: wie kann ich römischer Kaiser genennet werden, wenn ich nicht Herr von Rom bin? Bonifaz IX. war der erste, der zur Zeit Wenzels des Faulen (und was ließ sich unter diesem Kaiser nicht wagen?) von der Stadt Rom Besitz nahm, das versteht sich von selbst ohne Bewilligung des Kaisers, der zur Zeit von den Reichsfürsten des Kaiserthums entsetzt war: mithin haben die Päpste kein anderes Recht auf Rom, als durch die Verjährung, die doch, wenn sie in ihrem Ursprunge mangelhaft ist, kein Recht giebt, weil hundert Jahr unrecht, kein Jahr, ja keine Viertel Stund recht ist. Aus diesem folget nun, daß der Kaiser, der ohnehin den Namen von Rom führet, und das Recht hat, sich allda krönen zu lassen, berechtiget sei, den Hauptsitz seiner Vorfahrer in Anspruch zu nehmen, und das Oberhaupt der Kirche aller weltlichen Sorge zu entheben. Was endlich das Patrimonium Petri, oder terra Mathildis anbelangt, hat diese Gregor VII. der Gräfin Mathild, die bereits aberwitzig war, abgeschwätzt, und ihr dafür den hohen Himmel versprochen. Dem ungeacht ist sie noch nicht hier, vielleicht kömmt sie beim nächsten Jubileum herauf. Sie liegt zu Rom in meiner Kirche begraben, dies ist das Ganze, was sie von ihrer Schenkung davon trug.

Nun

Nun Reverendissime ac celsissime ein paar Worte im Ernste. Er wird aus diesem, was ich ihm deutlich in das Ohr gesagt, seinen groben Fehler einsehen, und sogleich Culpa sagen. — Zur Busse gebe ich ihm auf, daß er hinführo alle seine Briefe, die er nach Rom schreibt, mir zur Einsicht übergebe. Die übrigen Bussen, zum Beispiel mordachium, velum, cachumenias etc. will ich für diesmal nachsehen, weil er aus dem berühmten Hause Bouillon ist. Ich geharre

St. Peter
Furteufelswild.

Die hölzerne Muttergottes zu Waldraſt an die ſteinerne Muttergottes zu Weiſſenſtein.

Chere Madame!

Ich kann Ihnen keinen andern Troſt geben, als welchen Virgil allen Bedrängten giebt: juvat socios habuisse dolorum. Ein Mitgenoß im Leid lindert den Schmerzen. Ihr Schikſal iſt im Vergleich des meinigen, ein pures Schattenſpiel; wie Sie ſelbſt, Madame, in Anbetracht meiner, eine Kaffeeſiederin gegen eine Sultanin ſind: Verzeihen Sie mir dieſen Ausdruk; denn er iſt probhältig. Ich bin von Propheten angekündet, von Engeln aus einem Baum geſchnizelt, und durch himmliſche Lichter einem Bauer, Thomas Lüſch, angezeiget worden. Anfangs war ich in einer kleinen Kapelle; aber nachgehends ward ich auf den Berg Waldraſt in einen prächtigen Tempel überſezt, wozu die Tauben die Dachſchindel hintrugen. Da fieng ich an mit Wundern ſo zu leichten, daß die Aerzte Brodlos wurden. der Zulauf der Nationen aus allen Ländern war auſſerordentlich; man zählte in einem Jahre über 30000 Kommunikanten, die theils neue Gutthaten begehrten, theils für die empfangene Dank ſagten, und Halbegulden meſſen brachten. Ich hatte den ganzen Tag nichts anders zu thun, als Viſiten und Geld anzunehmen,

wobei

wobei mir so wohl war, als wenn mich ein Hendl im A... gepekt hätte. Meine Wunder wurden vom Küster aufgezeichnet, von Wortesdienern geprediget, und in Großoktav zum Nuzen des Publikums gedrukt. Messen wurden allda so viele bezahlt, daß manche aus Vergessenheit nicht einmal gelesen wurden. Bei meinem Gnadenaltar ward keine gelesen unter einem halben Gulden. Und damit mehrere Halbguldenmessen gelesen werden könnten, haben meine Leute (die Serviten) vom Papst Ganganelli das seltene Privilegium erwirkt, daß die Messen auf dem Seitenaltar des heiligen Joseph eben so wirksam sind, als auf dem Gnadenaltar selbst. Die Opfer von Gold, Silber und Juwelen, waren in keine Zahl zu bringen. Die vornehmsten Familien zu Inspruk die Grafen Trautsohn, Fugger, Firmian, Wolkenstein, Spauer, Fieger, Kinigl: die Freiherren von Sternbach, Christani ꝛc. eiferten in die Wette mich zu bereichern. An Frauentägen war ich in meinem Gallapuz, den Herr Verzi, Inwelier zu Graz, über 10000 fl. schäzte; nichts zu melden vom baaren Geld, mit welchem meine Chatoulle strozte, und meiner Garderobe, die ich einem Juden nicht um 20000 fl. verkaufet hätte.

Ich war in einem Tabernakel, der aus Ebenholz gemacht, und mit Silber und Gold beschlagen war: die zwei helfenbeinene Saulen neben dem Tabernakel hat Leopold, Weiland Herzog von Oesterreich, mit eigenen Händen verfertiget, und mir zu meinem Geburtstag am 8ten September geschenkt. Ein spanischer Ritter (ich kann ihn izt nicht nennen, er liegt mir auf der Zunge) hat mir einen kostbaren Kelch, und ein Meßkleid, welches

ches man über 1500 fl. schäzt, geschenkt; ja sogar die grosse Kaiserin Theresia, hat mich im Jahr 1764, da sie mit ihrer Hofstaat in Inspruk war, mit einem prächtigen Ornat, den sie selbst gestift hatte, regalirt. Meine ganze Kirche war mit Votivtafeln spaliert, so, daß jeder Kirchfahrter beim ersten Eintritt von einem heiligen Schauer überrascht wurde. Zumalen fielen manche Leute, die man für Besessene hielt, in eine Ohnmacht: die Kirche ist sehr feucht, weil sie in einem sumpflichten Ort steht. —

Aber ist hören, ja staunen Sie, Madame! bin ich Moter ter admirabilis in einem hölzernen Verschlag, wie eine Contrabäntwaare, einpallirt; über den ganzen Berg Waldröst herabgeschleppt, und zu Mibers in einer schlechten Kirche einquartiert worden, und zwar nur auf auf einen Seitenaltar; das thut wehe. Ich hab kein Kleid, ja nicht einmal ein Hemd am Leib: izt zeigt sich's, daß ich keine Füsse habe, man nennt mich einen Stok. Das schlimmste ist, daß auf dem Hochaltar ein anderes Marienbild, zwei Schuhe höher als ich, ausgesezt ist, welches als Hausfrau auf mich als eine neue Inwohnerin ganz verächtliche Blicke herabwirft. Sie wissen selbst Madame! wie viel eine Schnur in dem Hause einer Schwiegermutter schlücken müsse: izt machen Sie den Conto auf mich als einer neuen Inwohnerin bei dieser alten Matron, der ich schon lang ein Dorn im Auge war. — Dies ist der Troˢ, den ich Ihnen überschreibe. Leben Sie wohl, wenn Sie bei Ab-

lesung

lesung dieses Briefs, den ich mit hölzernen Tyränen
schrieb, leben können. Adieu.

  Mieders

Indictione LXXV.

         Jubilierte
        Maria Waldrast,
        Exgnadenbild.

Brief des geiſtlichen Herrn Al.⁞... an den Fürſt-Biſchof zu B....

Mit gegenwärtigem Poſtwagen ſchicke ich Euer Fürſtlich Gnaden alle ſieben heilige Weihen, die ich von Ihnen im Jahr 1779 empfangen habe, franco zurük. Geſtern hab ich mich zum heiligen Sakrament der Ehe zum erſten, andern und drittenmal, nach der Vorſchrift des allerheiligſten Kirchenraths zu Trient, verkünden laſſen: Morgen iſt mein Ehrentag, worzu ich mir den biſchöflichen Segen fußfällig erbitte. Beim erſten Beilager (verſteht ſich nach verfloſſenen Tobiasnächten) werde ich ſchon ad intentionem des hochwürdigſten Konſiſtoriums ein Memento machen sub ritu duplici. — Euer Fürſtlich Gnaden werden zwar, als ein ſiebenzigjähriger Mann, dieſe heilige Eheverlobniß mir funkelnden Augen, wie eine Waldkatze, anſchielen; allein dies thut nichts zur Sache: das Mädchen iſt hübſch, und ich nur 34 Jahr alt. — Der Cölibat wird ohnehin abgethan: einer muß den Anfang machen, mithin bin ich's,

Dero

Ergebenſter Diener und
unwürdiger Ehemann,
Al...Mpria.

Gebet

Gebet zur heiligen Dreifaltigkeit um Aufhebung des Cölibats.

Gebet zu Gott dem Vater.

Ewiger Vater, der du, obschon ein purer von allen fleischlichen Begierden freier Geist, doch einen Sohn von Ewigkeit erzeuget, und den Menschen nach deinem Ebenbild erschaffen hast; weil du aber weislich vorsahest, daß es nicht gut sei, den Menschen allein zu lassen, ihm eine Gehilfin gabst, mit dem Auftrag, den er gerne befolgte, sich zu vermehren: der auch beim ersten Anblik seines Weibes aus deinem Antrieb sprach: Hinfüro wird der Mensch Vater und Mutter verlassen, und einem Weib anhängen, und es werden zween in einem Fleische sein, erbarme dich deiner Geschöpfen, die in dem geistlichen Stand sich befinden, und denen ein menschliches allzuhartes Gesez auftrug, sogar die schönste Sünderin begierlos anzusehen. Mache, daß diese klösterliche, deiner weissten Anordnung entgegengesezte Weiberfeindschaft aufgehoben, und jedem Geistlichen erlaubt werde, einem Weib anzuhängen, Kinder zu erzeugen, und zu deiner grössern Ehre zu erziehen, um dadurch deinem heiligsten Willen und dem süssen von dir eingeflößten Hang zur allgemeinen Vermehrung nachzuleben.

Gebet zu Gott dem Sohn.

Herr Jesu Christe, eingebohrner Sohn Gottes, der du durch Ueberschattung des heiligen Geistes eingefleischt und aus Maria der Jungfrau geboren zu werden dich gewürdiget, und zum Zeichen deines Wohlgefallens an dem Ehestand der Hochzeit in Cana Gallilää beigewohnet hast, alldorten durch des Wassersverwandlung in Wein das erste Wunder gewirket, und durch deinen Apostel Paulus gesprochen: Ein Jeder (ohne Ausnahm) soll der Hurerei wegen sein Weib, und jedes Weib ihren Mann haben z); es ist besser heurathen, als Brunst leiden. a) Ein Bischof soll nur eines Weibes Mann sein. b) Die Diakonen sollen nur eines Weibes Männer sein, ihren Kindern und ihren Häusern wohl vorstehen. c) In den lezten Tagen werden einige vom Glauben abfallen, und den Teufelslehren derjenigen anhängen, welche verbieten ehelich zu werden ꝛc. d) Der du auch niemals deinen Aposteln und Jüngern den Cälibat anbefohlen, und da sie von dir zu Kirchendienern bestellet worden, das Eheband, mit welchem sie verknüpft waren, nicht aufgelöset hast, wir bitten dich im Namen deines Vaters, verleihe barmherziglich deinen Dienern, daß sie deine

z) Ep. I. Cor. Cap. 7. v. 2.
a) Ep. I. Cor. Cap. 7. v. 9.
b) Ep. I. ad Tim. Cap. C. v. 2.
c) Ep. I. ad Tim. Cap. 3. v. 12.
d) Ep. I. ad Tim. Cap. 4. v. 1.

deine Vereinigung mit der menschlichen Natur, und mit der Kirche, nicht nur theoretisch lehren, sondern auch nach dem Beispiel der griechischen Geistlichkeit praktisch vorstellen, und folglich, nachdem sie mit den Fesseln der Ehe bezähmt sind, sich von der Onanie und Hurerei desto leichter enthalten können. Wir hoffen von dir, o Wohlthäter der Menschen, um so eher erhöret zu werden, als du selbst in den Tagen deines Fleisches die Martha und Maria besuchet hast.

Gebet zu Gott dem heiligen Geist.

Gott heiliger Geist! der du von Vater und Sohn ausgehest, die Jungfrau Maria, auf daß sie empfange, überschattet hast, und am Fluß Jordan in Gestalt einer Taube, die ein Sinnbild der Begattung, sichtbarlich erschienen bist: und überdies durch den Mund des weisen Predigers sprächst: Es ist besser, daß zween beisammen sind, als einer allein; denn die Gesellschaft ist vortheilhaft: wenn einer fällt, wird er von dem andern unterstüzt: Wehe dem, der allein ist; denn wenn er fällt, hat er niemanden, der ihn aufhebt: und wenn zween beisammen schlafen, erwärmen sie sich leichter als einer allein e), erleuchte die Monarchen,

---

e) Melius est ergo duos esse simul, quam unum; habent enim emolumentum societatis suae; si unus

chen, und besonders die blödaugigten Kirchenvorsteher, auf daß sie einsmals einsehen mögen, daß der Cälibat ein Fallstrik des Gewissens; der Ehestand aber ein grosses Sakrament sei, durch welches der Mensch geheiliget, die Kirche Gottes vermehret, der Glaube befördert, und die übrigen heiligen Sakramenten angebracht werden: Gieb, o Vater des Lichtes! daß die Gebieter der Erde in Rüksicht dieser Wahrheiten die Gesetztafel des Cälibats, die nur ein menschlicher Finger hinschrieb, zerschlagen, die Geistliche mit Ruhe und Wohlstand der Bevölkerung obliegen, und also durch sie die Zahl der Gläubigen vermehret, und die Stellen der abtrünnigen Engeln ersetzet werden mögen; der du mit Gott dem Vater und Sohn lebest und regierest von Ewigkeit zu Ewigkeit.

unus ceciderit, ab altero fulcietur: Vae soli, quia cum ceciderit, non habet sublevantem se, et si dormierint duo, fovebuntur mutuo, unus quomodo calefiet? Ecclesiast. c. 4. v. 10.

Sendschreiben der armen Seelen im Fegfeuer an alle Kristen im Jahr 1718.

„In Christo vielgeliebte Brüder und Schwestern! Wir
„arme hochbedrängte Seelen des Fegfeuers senden euch
„durch unserm Schuzengel einen freundlichen Gruß,
„und wünschen euch allen Heil und Wohlfahrt in Chri-
„sto Jesu unsern Herrn. Wir machen euch zu wissen,
„daß wir von der Welt abgeschieden, und vor Gottes
„Gericht gestellt worden, wo wir von unserm Thun und
„Lassen strenge Rechenschaft haben geben müssen, und
„in gar vielen Dingen strafmäßig befunden worden;
„deswegen er über uns erzürnt, uns mit gebundenen
„Händen und Füssen in die Finsterniß werfen, und den
„grimmigen leidenden Teufeln hat übergeben lassen.
„Er hat uns auch dabei geschworen, daß wir nicht ehe
„aus dieser Finsterniß werden herausgehen, bis wir den
„lezten Heller werden bezahlt haben.

„Der Kerker, worinn wir liegen, ist eine feurige
„Gruft in der Erde, welche so voller Greul, Unrath
„und üblen Gestank, daß es nicht zu beschreiben noch
„zu glauben ist. Die Peinen, die wir leiden, sind so
„groß, so vielfältig und erschröklich, daß, wenn wir al-
„les Papier der ganzen Welt hier hätten, dennoch nicht
„alle auf dieses bringen könnten. Denn es ist schier
„keine unter uns, welche nicht stündlich mehr denn
„hun-

„hunderterlei Martern leiden muß, und nach Vollen-
„dung deren, wieder auf ein Neues gepeiniget wird.
„Etliche werden von uns am Bratspies gebraten; etli-
„che in Kesseln gesotten f); etliche in zerschmolzenem
„Erzt versenkt; etliche im Bakofen gebrennt; etliche
„auf glühenden Kohlen geröstet; etliche mit den Füssen
„aufgehängt; etliche mit Gall getränkt; etliche mit
„Krotten gespeist; etliche mit zerlassenem Blei über-
„gossen; etliche mit Beilen zerhakt; etliche mit Mes-
„sern zerschnitten; etliche mit Nägeln angeheft; et-
„liche mit Schlangen umwickelt; etliche von Drachen
„umfangen; etliche von Krotten zerbissen; etliche von
„Maden zerfressen; etliche von Teufeln zerschlagen;
„und in Summa Summarum mit solchen Peinen ge-
„peiniget, dergleichen auf Erden nicht sind gesehen, noch
„erdacht worden. Alle diese Peinen muß ein jeder von
„uns fast alle Stunden leiden. Wir rufen zwar mit
„viel tausend Seufzern zu Gott; es scheint aber, als
„wenn er die Ohren zu unserem Gebete verstopft hätte.
„Wir rufen auch zu der Welt und zu unsern lieben
„Freunden; wir sind aber so weit von Ihnen abgeson-
„dert, daß sie unser Weinen und Klagen nicht hören
„können. Darum haben wir diesen Brief geschrieben,
„und durch unsere liebe Schuzengel in alle Ort der
„Christenheit gesandt. Ei so erbarmet euch unser, o ihr
„unsere liebe Freunde! wir klagen euch unser höchstes
„Elend mit blutigen Zähren, und bitten euch durch das
vergos-

f) Wenn dies Speckfette Franziskaner sind, mag's
eine gute Oliosuppe geben.

„vergossene Blut Jesu Christi, kommet uns doch zu
„Hilfe: ihr könnet uns helfen, wenn ihr wollt, ach
„betet bisweilen einen Rosenkranz für uns, oder eine
„Litanei, oder etliche Vater Unser und Ave Maria,
„und opfert es Gott auf in Vereinigung der Verdien=
„sten Christi zu unserer Erlösung: höret zuweilen eine
„heilige Messe für uns; gewinnet zuweilen einen heili=
„gen Ablaß für uns; verrichtet zuweilen eine Wahl=
„fahrt; und gebt ein Allmosen für uns."

Der Schluß dieses Briefs ist etwas zerrissen, mit=
hin kann man eigentlich nicht wissen, wie sich diese ar=
me Seelen unterschrieben haben. Vermuthlich unter=
thänigste Diener und Dienerinnen, oder votre tres humbles Serviteurs.

Sie haben schon im Jahr 1710 einen Brief auf
diese Art geschrieben, in welchem sie sich bei andächtigen
Christen auf ein Mittagmahl einluden; *) weil ihnen aber
Niemand geantwortet hat, so haben sie im Jahre 1718
den zweiten auf die Engelpost gegeben, der zu Kranawit=
ten in Tirol, eine Stunde ausser Inspruk, in einer Tod=
tenkapelle aufbehalten wird.

*) Vermuthlich werden es Mönchsseelen gewesen seyn.

Herr

Herr und Frau von Holz,

das ist

der hölzerne Herrgott von Matrey, und die hölzerne Muttergottes zu Jörgenberg in Tyrol.

In der Muttersprache.

In zween Aufzügen. *)

Erster Auftritt.

Herr von Holz.

Gestern hat man meinen Opferstok ausgeraumt, ein Gulden fünf und vierzig Kreuzer im ganzen Jahre! mit Kastanienbraten könnte man sich mehr verdienen: man heißt mich nicht umsonst unsern Herrn im Elend.

Frau von Holz.

Es geschiehet dir recht, warum bist zu die Weltgeistlichen hingegangen, es ist nichts mit diesen Pfaffen, sie stecken immer beim Lampel, und bei der blauen Ganse,

*) Aus Tyrol eingeschickt.

Tauſe, ſie geben ſich gar keine Mühe deine Kirchfahrt zu befördern. Aber meine Leute, die ſchreien immer aus voller Kehle, ſehet Wunder! alſo gleich verſchwand die ganze Geſchwulſt g) — Sie verlobte ſich mit einem anſtändigen Opfer, ein wahres Muſter chriſtlicher Gerechtigkeit. Geſtern hat man meinen Opferſtok entlaſtet, da waren 145 Fl. ſage Ein hundert vierzig fünf Gulden nur von einem Monate.

Herr.

Das iſt ein anderes Korn! was ſoll denn ich machen?

Frau.

Ich blieb nicht mehr bei dieſen Saupfaffen: gehe du nacher Delfs zu den Franziskanern, ſo wird dein Unglük bald eine andere Wendung bekommen: es wird dir das ganze Kloſter mit einem Jeruſalemkreuz entgegen gehen; da giebts ſpekfette Diener Gottes; die Kerls haben Hälſe! Du wirſt nicht lang da ſein, wird die Rede herumgehen, du habeſt Blut geſchwitzet, es wachſen dir Nägel und Bart, und es ſeyen durch dich zwanzig Millionen Teufel ausgetrieben worden.

Herr.

Was habe ich von allem dieſem?

Frau.

g) Nach neun Monaten.

Frau.

Opfer ganze Wägen voll, von Wachs, von Holz, von Silber, von Gold, Streuen, daß du dir in einer Woche könntest zwölf Paar Strümpf machen laffen.

Herr.

Das thät mir noth; schon 300 Jahre habe ich keinen Strumpf an Leib gebracht: einen rothen Mantel haben mir die Bürger zu Matrey spendirt; aber keinen Strumpf! ich muß doch den ganzen Winter in freier Luft dastehen, und nicht weit davon ist ein Bach: und überhaupt stelle dir nur selbst diesen abscheulichen Aufzug vor, einen blutroten Mantel und keinen Strumpf.

Frau.

Nur auf Delfs: so hast du bald eine ganze Garderobe.

Herr.

Aber wie komme ich hinauf?

Frau.

Wie bist dann auf Matrey gekommen? bist etwan da geboren? wie bin ich auf den Jörgenberg hinaufgekommen? Man hat mich hinauf getragen: freilich bist du um 6 Schuh höher als ich, mithin würde dich kein Mensch

Mensch gern tragen wollen; mußt halt mit der Diligenze verliebt nehmen, die geht alle Samstag vorbei, oder richten wir die Sache mit dem Herrn Fischnaller zu Inspruk, er expedirt die größten Kisten nach Görz.

Herr.

Ob mich aber die Franziskaner annehmen?

Frau.

Für dies laß mich sorgen, ich schicke ihnen schon Nudel.

Herr.

Wo wirst denn du Nudel hernehmen?

Frau.

Von meinem Spennnadelgeld.

Herr.

Itzt möchte ich doch wissen, wo du ein Spennnadelgeld hernimmst?

Frau.

Keine Dame hat so viel Spennnadelgeld wie ich: Messen gehen ja ein, daß sechs Klöster daran zu lesen haben:

haben: die Meſſen werden verſchikt ſogar bis Rom, das iſt 384 Weliſche Meile; die welſchen Geiſtlichen kennſt du ja ſelbſten, ſie leſen um zwölf Soldi eine Meſſe: nun giebt man ihnen zwölf Soldeti; der Ueberreſt iſt mein Spennnadelgeld, und von dieſem beſtreite ich meine Ausgaben.

Herr.

Was haſt denn du für Ausgaben?

Frau.

In Kaffee und Chokolade freilich nicht, weil ich von Holz bin; aber ſchau mich einmal an, wenn ich in der Galla bin: ich hab meinen Schmuk nur überhaupt ſchätzen laſſen, was glaubſt du? 10000 Fl. ein Bruder dem andern: zu dem habe ich 27 theils Sommer= theils Winterkleider, ich wachſe zwar nicht daraus, aber ich muß mich doch hin und wider muttiren wegen des Volkes, und damit mich kein Mahler treffe, wenn ich mich portraiten laß.

Herr.

Was liegt denn daran, wenn dich auch einer treffen ſollte?

Frau.

Gott bewahr! mein Kredit wäre auf einmal weg: die Leute wurden es nicht mehr glauben, daß mich ein

Erzengel

Erzengel geschnitzelt habe. — Du hast mich in etwas irre gemacht, ich bin noch nicht fertig mit Erzählung meiner Ausgaben. Ich habe 15 Paar Manschet, 4 Paroquen: Friseur, und die Puzwäsche kosten was. Ueberdies laß ich mich in großen Bruderschaft Sonntag herumtragen wie der Papst zu Rom; da werden Peller abgefeuert, du weißt wohl in Tirol kostet alles Geld.

Herr.

Dies ist freilich was anders als bei mir, auf mich spendirt kein Mensch einen Heller.

Frau.

Dies kommt her von der Liederlichkeit deiner Pfaffen, die sich wegen deiner gar keine Mühe geben: Wenn sie nur wenigstens dies nicht thäten, daß sie die Messen bei deinem Altar um 24 Kreuzer leseten, bei mir wird keine gelesen unter einem halben Gulden.

Zweiter Auftritt.

Herr.

Ha — ha! jezt komm ich wohl auf dein Spennnadelgeld! wenn ich auch meine Pfaffen mit aufgcrekten Händen bitten wurde, sie sollen nicht mehr um 24 Kreuzer

Kreuzer Messe lesen, so würden sie es doch nicht thun, weil izt eine höllische Piese heraus ist über die Halbeguldenmessen.

Frau.

Die Sauleut schreiben izt über alles; man darf kaum ein Wort mehr reden, so liest man es gählung gedrukter: ich bin recht froh, daß kein Gelehrter unser Geschwäz hört, sonst wurde jedes Wort gedrukt werden.

Herr.

Von den Visiten der Gelehrten bin ich schon sicher, zu mir kommen lauter Bauernschrollen: wie die Kerls oft stinken! —

Frau.

Zu mir kommen auch meistentheils solche Schrollen; der Gestank vom Tabakrauch ist mir recht unerträglich, ich darf aber nichts sagen, weil mir jeder einen Kreuzer, oder wenigstens einen halben giebt.

Herr.

Geht wohl so ein dicker kupferner Kreuzer in deinen Opferstok hinein?

Frau.

Frau.

O ja, meine Opferſtöcke haben Löcher wie die Löſch-
horn. Neulich hat ein ſpizbübiſcher Gelehrter meine
Opferſtöcke geiſtliche Nimmerſatt geheiſſen.

Herr.

Dies iſt doch eine erſchrökliche Lauigkeit unter den
Chriſten, daß ſie dir nicht einmal etliche kupferne Kreuzer
vergönnen.

Frau.

Sie ſagen, ich brauche kein Geld, weil ich von
Holz bin, und ich ſoll mich ſchämen, als eine Königin Him-
mels und der Erde von ſo armen Leuten ein Geld anzunehmen, und zwar Kreuzer weiſe.

Herr.

Ich muß dir im Vertrauen ſagen: ich hab es ſelbſt
vielmal gehört, daß man dir deswegen Uebel nachredet.

Frau.

Dies werden gewiß ſolche Schwatzergrußpeln geweſen
ſein: ich weiß ſchon, die Sauleut mögen mir nichts, ſie haben ein Fachee auf mich, weil ich im Jahr 1768 nicht die
Brunſt gelöſchet habe; allein da kann ich nicht dafür, mei-

ne Pfaffen haben mich nicht fortgelassen aus Beisorge, ich möchte selbst verbrennen, weil ich von Holz bin: aber in diesem Stücke geht's dir auch nicht besser, sie haben schon über dich auch geschmähet.

Herr.

Sie haben wohl nicht Ursach gehabt, es hat mich kein einziger angesprochen die Brunst zu löschen: die Schwatzer haben keine besondere Hochschätzung für mich: aber du stehest in großmächtigem Ansehen.

Frau.

Ich hatte freilich viel Renome; aber jezt verlier ich ein Bischen den Kredit wegen der Opferstöcke.

Herr.

Es ist fast nicht möglich; das Opfergeld trägt ja nicht viel ein.

Frau.

Hum! wenn ein gutes Jahr ist, doch 400 Güldelen.

Herr.

Es wird wohl zuweilen ein Achtzehner oder Zwanziger dabei sein?

Frau.

Frau.

Vor Zeiten gar zwei- oder vierfache Dukaten, das schönste Schazgeld! aber jezt bei so gottlosen Zeiten freilich nicht mehr: die Leute glauben, meine Pater verfressen dieses Schazgeld, und sie betrügen sich nicht; doch sollen sie betrachten, daß ich meine vollkommene Sustentation habe: sie bestreiten alle meine Ausgaben; denn mir lassen sie kein Geld unter die Hände, aus Sorge, ich möchte es den Armen austheilen.

Herr.

Was wäre es dann, wenn du zuweilen einen Kupferkreuzer den Bedürftigen austheiltest?

Frau.

Da wäre Feuer im Dache, meine Pfaffen wurden alle rebellisch, sie gehen auf das Kupfergeld, wie der Fuchs auf die Hennen, sie wissen es gar so gut zu manupolliren.

Herr.

Wie so?

Frau.

Sie haben ihre Etschländer Juden, die geben ihnen 6 pro Cento, diese schicken es sodann nacher Venedig, und bekommen dafür 12 pro Cento.

D 2

Herr.

Herr.

Pfui Teufel! ein solches Geld möcht ich wohl nicht, daß verbitte ich mir sogleich, daß du von diesem Geld den Franziskanern keine Nudel schickest.

Frau.

Ich kann ihnen schon ein Kalb schicken, ich hab gestern eines bekommen.

Herr.

Aber um Gottes Willen, was treiben doch die Leute, einem hölzernen Bilde ein Kalb opfern! das ist ja zum rasend werden.

Frau.

Es fressen schon meine Pater, und sie verdienen es, weil sie von mir so gut reden und predigen.

Herr.

Dies weis ich schon, sie haben von dir ausgesprengt, es habe dich ein Erzengel geschnitzelt: die Tauben haben blutige Schindeln in den Ort, wo das Kloster steht, hingetragen; du hättest mit der Erzherzogin Juliana diskurirt, und mit der alten Frauen Bergdirektorin Billard gespielt.

Frau.

Frau.

Das Aergste weißt du doch nicht, sie haben sogar gesagt, und zwar in einer Predig, daß die heilige Magdalena durch diese Kirchfahrt sei bekehret worden.

Herr.

Dies wär doch erschreklich!

Frau.

Es war ein Verstoß. Der Prediger hielt am Abend des heiligen Magdalenenfest eine Predigt, und erzählte eine wunderthätige Bekehrung eines unkeuschen Weibsbildes, welches er anstatt N. N. Magdalena nannte, und da wurde der Ruf ausgebreitet, die heilige Magdalena sei in meiner Kirche bekehrt worden.

Herr.

Das ist in der That zum Lachen!

Frau.

Ich konnte mich selbst des Lachens nicht enthalten.

Herr.

Wenn die Franziskaner zu Delfs auch so ungeschikt predigen, habe ich schlechte Lust hinaufzugehen.

Frau.

Frau.

Wie sie zu Delfs predigen, weis ich nicht, daß sie zu Botzen und Inspruk ein dummes Zeug daher geplaudert haben, weis ich wohl.

Herr.

Wie so?

Frau.

Zu Botzen predigte einer am Franziskitag: Franz von Assis sei der verbesserte Christus gewesen.

Herr.

Das ist ja zum Davonlaufen!

Frau.

Ich wäre wohl davon geloffen, wenn ich nicht angenagelt wäre.

Herr.

Was weißt du dann von den Inspruker Predigern?

Frau.

Ich kann dirs aus Ehrbarkeit kaum sagen. Im Jahr 1782 predigte ein Franziskaner Nachmittag um 1 Uhr eine ganze Romanze; ich weis noch etliche Zeilen auswendig; aber du mußt dich nicht ärgern, sie heissen also: Ihr Menscher, könnt ihr dann nicht allein spazieren gehen, müßt ihr immer einen Buben an der Seite haben? — — — ja, ja, gehet nur mit Studenten und Soldaten um, ohne Griff kömmt ihr gewiß nicht davon.

Herr.

Herr.

Ob es etwa zu Delfs auch so zugeht?

Frau.

Ich kann dir nicht gut stehen dafür.

Herr.

Auf diese Art bleib ich lieber zu Matrey.

Frau.

Bleibst halt immer in deinem Elend ohne Spennnadelgeld.

Herr.

Lieber kein Spennnadelgeld, als den guten Namen verlieren.

Frau.

Du darfst dich ja nicht schämen, was geht dich das dumme Geschwäz an!

Herr.

Es heißt doch, der Herrgott von Matrey hat sich zu so dummen Pfaffen hinführen lassen.

Frau.

Die Franziskaner haben doch überhaupts noch sehr viel Kredit.

Herr.

Paßirt.

Frau.

Frau.

Wie so?

Herr.

Weißt du nicht, daß man sie im ganzen Land Rappestangen heißt? Hast du nicht das Wienerische A. B. C. gelesen? vier Ellen grundgrobes Tuch und ein Strik, macht einen Franziskaner dik. Ein Quardian hat erst kürzlich einen Brief bekommen, in welchem nichts anderes geschrieben war als diese Verse:

Die fette Franzens Seraphinen
Sind so von aussen wie von innen,
Mit Mehl und Schmalz dicht ausgeschopft,
Sie tragen Spek auf ihren Rücken,
Ja manche können sich kaum bücken,
Zumalen sind sie gar verstopft.

Frau.

Was doch die Teufelsleut treiben!

Herr.

Wenn du erst Deutschlands achtzehntes Jahrhundert viertes Heft S. 238 lesen wolltest; da giebts Sachen: nur ein einziges Gesetzel lese ich dir vor. Die Welt hat sich über die Grobheit der P. P. Franziskanern gar nicht zu beklagen. Die steife Kapuzen machen, daß sie sich nicht wohl vorwerts bügen können, und zu dem wachsen sie auf Holz, das ist, auf Holzschuhe. — Wenn die P. P. Franziskaner keinen Exorzismus ausfindig machen wider die bösen Leute, die manchesmal weit schlimmer, als die sogenannten Teufel sind, so wird

ihr

ihr Gewerb mit dem Hexenrauch und dem Teufels-
drek bald ein Ende haben. — Die Vernünftigen sagen, wenn uns die Tugend, die Rechtschaffenheit, der
Glaube und die Religion vor dem Bösen nicht beschü-
zen können; so werden es Heublumen, und Schar-
lach, und Malefizwachs, und Waidenkäßgen, und Te-
rebinthwurzeln und andere Kindereien um so weniger thun.

Frau.
Was du mir alles daher sagst!

Herr.
Ich sag dirs noch einmal, ich hab eine schlechte Lust.

Frau.
Bleibst halt immer in deinem rothen Mantel ohne Strumpf.

Herr.
So will ich halt gehen in Gottes Namen.

Frau.
Ja, wage es; es ist ja keine Heurath.

Herr.
Ich will dir schon schreiben, wie es mir zu Delfs gehet.

Frau.
Nur bald; giebt es wieder ein Piecl ab.

Herr.
Ganz recht: adieu.

Frau.
Glükliche Reis: adieu.

Fünf

Fünf und vierzig Preisfragen.

1.

Wie könnte eine untrügliche Kirche die Kreuzzüge, die Inquisition, das Mönchswesen, den Bilderdienst, die Kirchfahrten, die Jubeljahre, die Abläße ꝛc. einführen, und durch so viele Jahrhunderte so eifrig unterstützen?

2.

Wenn ein neuer Kirchenrath gehalten würde, würde er alle Bannflüche des Kirchenraths zu Trient bestättigen?

3.

Wie hat der Kirchenrath zu Trient definiren können, daß der jungfräuliche Stand dem Ehestand vorzuziehen sei h), nachdem der Ehestand ein Sakrament, und von Gott; der Cälibat aber kein Sakrament, und von Menschen eingesezt ist?

4.

Hat der heilige Hieronymus alle Gründe, die Jovinian für den Ehestand wider die Jungfrauschaft angeführt, widerlegt?

---

h) Siquis dixerit statum conjugalem anteponendum esse statui virginitatis, aut coelibatus, et non esse melius ac beatius in virginitate, aut coelibatu manere, quam jungi matrimonio, anathema sit. *Loc. cit.*

5.

Darf man nicht denken, daß die Kirche, die jezt eine ganz andere Lehre hält, entweder zuvor gefehlet habe, oder izt fehle?

6.

Kann man zur Zeit eines Interregnums nicht selig werden, nachdem Bonifaz VIII. als einen Glaubensartikel festsezte, daß kein Mensch, der sich dem römischen Papste nicht unterwirft, selig werden könne? i)

7.

Wenn der Papst mit einem Bräutigam, der im zweiten Grade mit seiner Braut verwandt ist, väterlich dispensirt, hört sodann der Bräutigam auf mit seiner Braut anverwandt zu sein?

8.

Wenn die privilegirten Altäre den armen Seelen nuzen, warum privilegirt der Papst nicht alle Altäre in der ganzen Christenheit?

9.

Wenn ein Bischof dem Pabste keine Annaten gäbe, würde er doch seine Kirche ex jure divino regieren?

10. Ist

i) Porro subesse romano Pontifici omni creaturae declaramus, dicimus, definimus, et pronuntiamus esse de necessitate salutis. *Extravagant. commun. Lib. I. T. 8. de Majoritate et obedientia cap. I.*

10.

Ist ein Erzbischof, der das Pallium nicht hat, vor den Augen Gottes schlechter, als ein bemäntelter? und was trägt das Pallium zu seinen Amtsverrichtungen bei?

11.

Könnte man die Konkordaten, die das heilige römische Reich mit Nikolaus V. eingieng, nicht verbessern, oder gar aufheben?

12.

Wie viel fehlt noch zu unserer gänzlichen Vereinigung mit den Evangelischen?

13.

In welcher Lage würde Deutschland sein, wenn die Reformazion Josephs vor 900 Jahren angefangen hätte?

14.

Wird der künftige Papst Aquila rapax sein, und was wird er rauben?

15.

Ist es anständig, daß, wenn der Papst pontifizirt, die Klerisei mehr mit ihm, als mit dem dreieinigen Gott sich beschäftige? und was würde der heilige Petrus sagen, wenn er einem solchen Hochamt beiwohnte?

16.

Wie gehet Christus auf den Kalvarieberg, und der Papst in die Peterskirche?

17. Wie

17.

Wie beträgt sich das Schwert in dem Schild des Bischofs mit dem Pallium, welches ein Zeichen der Sanftmuth Christi ist?

17.

Sind 20000 fl. ein justum stipendium für das Hochamt eines Erzbischofs?

19.

Wer gewinnt bei einem Hochamte die Religion, oder die Geistlichkeit?

20.

Könnte das hohe Ite Misa est nicht mit wenigern Noten gesungen werden, oder müssen eigentlich 35 sein? und warum?

21.

Würde das Volk, wenn man ihm das Ite Misa est nicht mit Pfundnoten zuschrie, nicht nach Hause gehen?

22.

Ist die deutsche Messe pr 30 Kr. wirksamer, als die welsche pr 15 Kreuzer?

23.

Würde das tägliche Meßlesen nicht aufhören, wenn keine Stipendien bezahlt würden?

24. Hat

24.

Hat die Ohrenbeicht keinen Einfluß in die häusliche Anliegenheiten der Bürger? Und sind dadurch keine Menschen verunglükt worden?

25.

Kann man aus der Geschichte der ersten 300 Jahren einige Beweise für die Ohrenbeicht anführen, und was für eine?

26.

Könnte man die vier ersten Weihen, nachdem die Kirchendiener die Dienste der Vierweihenträger verrichten, nicht in Ersparung bringen?

27.

Sind die Domherren der Kirche Gottes nothwendig, und leisten sie gute Dienste in den Konsistorien?

28.

Warum tragen die Domherren ein Kreuz? Zeigen sie uns den Kreuzweg zum Himmel?

29.

Welches Kreuz gefällt den Damen besser, das hölzerne Christi, oder das brillantene der Domherren?

30.

Ist die pfauenmäßige Schleppe, welche sich die Bischöfe, nicht wie unsere Damen von einem Bedienten, sondern

von

von einem Gottgeweihten Priester nachtragen laſſen, ein Unterpfand der himmliſchen Glorie?

31.

Würden die geiſtliche Konſiſtorien den ausgeziſchten Mönchsquark noch unterſtützen, wenn alle ihre Dekrete in der Wiener Kirchenzeitung gedrukt würden?

32.

Iſt es gut, daß die Konſiſtorien den kaiſ. kön. Kreisämtern ſubordinirt ſind, damit ſie jene Gewaltthätigkeiten, die uns die Geſchichte giebt, nimmermehr ausüben können?

33.

Warum werden zwei und ſiebenzig Augenzeugen erfodert, um einen Kardinal gerichtlich belangen zu können?

34.

Haben die Kardinäle wirklich einen Königsrang? woher? und warum?

35.

Was würde der Diabolus Rotae einwenden, wenn Innozenz VIII. kanoniſirt werden ſollte?

36.

Wie beträgt ſich der Prunk der Reichsprälaten mit dem Gelübde der heiligen Armuth, und iſt der Ausſpruch des heiligen Bernhards wahr: nunquid ideo non monachus, quia Praelatus?

37. Ge-

37.

Gehören die Prälaten zur geistlichen Hierarchie, und welcher Griech hat dieses Wort Hierarch erfunden, und nachdem es erfunden war, wie ist es in das bedeutende Wort Monarch verwandelt worden?

38.

Was für Verdienste haben die Prälaten um den päpstlichen Stuhl, daß sie einen eigenen Titel in jure Canonico haben, und in den Kirchenräthen einen Siz einräumen dürfen?

39.

Ist es möglich, daß, nachdem die Monachologie in Vorschein gekommen, die Mönche noch in ihren bundschekfichten Kutten einherwackeln?

40.

Warum überlassen die geistlichen Hierarchen die Ehre und das Verdienst religiöse Misbräuche auszurotten, noch immer den Laien? — Ist es Eigensinn, oder Eigennuz?

41.

Warum dürfen die Exnonnen nicht heurathen, da sie doch durch ihre Aufhebung in den weltlichen Stand, in welchem sie ehvor waren, zurük gesetzet worden?

42.

Warum wirken die Gnadenbilder, nachdem sie entkleidet oder übersezt sind, keine Wunder mehr?

43. Sollen

43.

Sollen die Mönche dem Kaiser Joseph, ihrem Meßias, nicht danken, daß er ihnen eine Pension giebt, die nicht einmal der Papst Petrus vom Kaiser Nero hatte?

44.

Wird die römische Kurie nicht die Veranstaltung treffen, daß, nachdem unsere Mönche wie die Mücken im Weinmonate verschwinden, andere an ihrer Statt einrücken?

45.

Wird der Antechrist nicht bald kommen? und wird er, wenn er seine Reisen nicht in einem Luftballon machet, bei den Mauten keine Ungelegenheit haben?

N. S. Ist es ein Zeichen der Aufklärung, und gereichet es den kais. kön. Provinzialstädten zur Ehre, wenn die Authoren ihre Schriften vom Geschmacke zu Leipzig und Frankfurt drucken lassen?

E Brief

Brief des Bischofs A. an den Minoritenprovinzial P. M. S.

Vorerinnerung.

Ein junger Geistlicher aus dem Minoritenorden, welcher (wie dann alle in den Klöstern ohne Weib und Kinder Väter werden) im Kloster Vater Eusebius, mit seinem Zunamen aber G.. hieß, entfloh auf eine Zeit aus dem Kloster, und hielt sich bei seiner Mutter, einer armen Wittwe und Müllerin auf, wodurch er um so mehr Aufsehen erwekte, als die Leute ihn niemals Messe lesen oder hören sahen, und sich von ihm keinen guten Begriff machten, weil sie ihn öfters sagen hörten, er wolle ein Protestant werden, um heirathen zu können. Es erwekte dieses sein Betragen noch mehr die Aufmerksamkeit seiner Ordensbrüder, besonders des Klostersobern P. B. L..., der ihn einigemal besuchte, und in das Kloster zurükzukehren befahl. Allein er antwortete ihm, daß er sich nicht getraue dahin zurükzukehren, da er fürchte wieder eingesperrt zu werden, wie er schon in G. durch fünf Viertel Jahre gewesen sei; er wolle auch nicht mehr geistlich bleiben, sondern ein Protestant werden, und heirathen. Da ihm auch hierauf seine mittellose Mutter vorstellte, daß sie ihn nicht länger aushalten könnte, so aß er täglich nichts anderes, als ein wenig Suppe, und sezte diese Enthaltsamkeit vom Essen den ganzen Tag hindurch fort. Endlich zeigte der Superior auf Befehl

fehl des Provinzialen dem Kreisamt die Lebensart dieses Geistlichen mit der Bemerkung an, daß dieser Geistliche bereits durch fünf Viertel Jahr schon als ein Wahnsinniger in dem Barmherzigen Kloster zu G. eingesperrt, endlich auf erhaltenes Zeugniß seiner Genesung von dem Klosterarzt wieder entlassen worden sei, nun aber neuerdings in Wahnsinn verfallen zu sein scheine. Das Kreisamt gab hierauf dem Superior den Befehl, daß er diesen Geistlichen nochmals durch Güte in das Kloster zu bringen suchen, ansonst aber gleichwohl nächtlicher Weile mit einem geschlossenen Wagen von zwei Geistlichen abholen zu lassen: zugleich machte das Kreisamt dem Kreisphisiko Herrn R... den Auftrag, den eigentlichen Zustand dieses Geistlichen sorgfältigst zu untersuchen, darüber Bericht zu erstatten, und alle Heilungsmittel anzuwenden. Worauf dieser nach vorgekehrter Untersuchung seinen Bericht an das Kreisamt des Inhalts erstattete, daß er an dem Geistlichen nicht den mindesten Wahnsinn, wohl aber eine ausserordentliche Melancholie und alle Kennzeichen, daß sein Uebel nur von einer Schärfe des in ihm zurükgehaltenen Samens herkomme: dahero ihm die Lossprechung von dem Gelübde der Keuschheit um so nothwendiger wäre, als der Geistliche ihn versichert habe, daß er sich schon seit vielen Jahren aller hitzigen Getränke, und den Zeugungstrieb vermehrenden Speisen enthalten hätte, und doch nicht vermögend gewesen wäre, den Reiz zur Beiwohnung ganz zu unterdrücken, wie auch, daß er zum Eintritt in den geistlichen Stand als ein Knab von funfzehn Jahren überredet; nachhin aber von seinem Provinzialen sehr verfolget worden wäre. Diesen Bericht hat das Kreisamt an die Landesstelle mit dem Gutachten einbegleitet, daß es zwar wohl wiſſe, daß wahnſinnige Geiſtliche in das nächſte Barmherzigen-Kloſter zu übergeben ſeien; doch aber mit dieſem Geiſtlichen ein Gleiches zu veranlaſſen, um ſo mehr Bedenken trage, als ſich für ihn nach Zeugniß des Kreisphiſici kein anderes Rettungsmittel, als die Losſprechung von ſeinen Gelübden, und dem geiſtlichen Stande hoffen lieſſe, zu derer Erwirkung ihm behilflich ſein könnte.

Erſtlich: Daß derſelbe gezwungener Weiſe und in einem Alter von funfzehn Jahren in den Orden getreten ſei, wo er nicht über den geringſten Theil ſeines Vermögens einen giltigen Vertrag zu ſchlieſſen fähig war, um ſo weniger ſich ſeiner lebenslänglichen Freiheit hätte begeben können.

Zweitens: Daß er ſich auch bei erreichter Großjährigkeit zu nichts weitern verbinden konnte, als was er ſeiner Natur nach zu erfüllen vermögend ſei.

Drittens: daß er in dem gegenwärtigen Zuſtande ohnehin weder der Kirche noch dem Orden etwas nützen könne.

Viertens: Daß er im Gegentheil dem Staat in dem weltlichen Stand noch nüzliche Dienſte leiſten werde.

Fünftens: Daß der Staat Niemanden ſeine Freiheit rauben könne, welcher ſich nicht durch ein Verbrechen derſelben verluſtig gemacht habe.

Sechstens: Daß dem Staat überhaupt die Vermehrung der Ehen nützlich, der Cälibat aber einiger hundert und tausend Menschen höchst schädlich sei.

Welche Gründe wichtig genug zu sein schienen, um das Schikfal dieses nur darum unglüklichen Menschens, weil er nicht erst unter dieser Regierung gebohren worden ist, dem allerhöchsten Hof zur Entscheidung vorzulegen.

Auf dieses von der Landesstelle dem Bischof zu G. um seine Aeusserung mitgetheilte kreisämtliche Gutachten erließ derselbe an den Provinzialen der Minoriten P. S... (welcher von jeher der Verfolger dieses jungen Geistlichen war, und vermuthlich nur wegen seiner vorzüglichen Leibsschwere zum Provinzialen gewählet wurde) folgende Verordnung, welche die Landesstelle dem Kreisamt zum Bescheid auf dessen Gutachten intimirte.

Wir J... A. :c. :c.

Ueber von dem Superior des Minoritenkonvents zu M..., und von dem Kreisphisico von R... an das Kreisamt zu M... und von selbem an die Landesgehörde einbegleiteten Bericht in Betreff des wahnwitziggewesenen und von seinen Ordensgelübden losgezählt werden wollenden P. G... finden wir einverständlich **mit besagter hoher Landesstelle** erforderlich zu sein, daß er deiter P. G... in eine ordentliche Disziplin komme, um seine geistliche Pflichten genau beobachten zu mögen.

Es ergehet dahero zu denselben unser Auftrag zu desto erwünschlicher Erzielung vorbedeuten Zutrages, ihn P. Eusebius in ein anständiges Kloster unter Aufsicht eines solchen Obern, von dem man sich liebvoll und bescheidenes Behandeln zum voraus versprechen mag, zu übersetzen, und ihm gleichfalls einen zu solcher Anleitung tauglichen Ordenspriester, als einen Spiritualen beizugeben, der ihn von seiner Kleinmuth und Unzufriedenheit errichten, und durch Klugheit auf der Bahne eines w a h r e n O r d e n s m a n n e s leiten möchte. Gegegeben G... in unserm Bischofhofe den 19ten Oktober 1784.

J. A. B.

Nun lieber Leser! heißt diese Verordnung was anders, als befehlen, daß man einem Kranken, der sich den Fuß gebrochen, die Hand verbinden, und einen Tanzmeister stellen sollte, der ihn geradgehen lehre! Was soll der Pater Spiritual anstatt der Pater Corporal wohl thun? ihn überreden, daß er stärker sei, als die Natur, der er so oft unterlag, oder seine durch Klosteraszetik bereits zur Schwärmerei getriebene Phantasie noch mehr erhitzen? O des Salomonischen Spruches: Was es doch Weises um einen Bischof von Geburt ist! Wäre es nicht traurig, wenn sich die Natur seinem Machtspruch widersetzen, oder sich wohl gar an ihm selbst rächen sollte! Giebt er ihr nicht durch seine substantiösen Tafeln, und durch seinen vielfältigen Umgang mit den liebenswürdigsten Damen, die so gerne seinem Kreuze folgen, schon halb gewonnenes Spiel?

Oder

Oder sollte er den schweren Kampf mit der Natur schon als Domherr ausgerungen haben, und daher ihr so leicht troz bieten können? Doch wer wird wohl bei so grossen Kirchenhäuptern auf die unmittelbare Gnade Gottes vergessen, die sie vor jedem Fehltritte schützet, und nur den Pöbel und halbgeistlichen Zöglinge der gemeinen Natur überläßt. —

Tröst Gott, erlös Gott, die armen Seelen im Fegfeuer.

Protestatio Authorum.

Contenta in hoc libello non aliam fidem habeant, quam juxta Constitutionem SS. P. P. Vrbani VIII. de an. 1625. 1631. 1634.